EMARANHADO

Dados Internacionais de Catalogação na Publicação (CIP) de acordo com ISBD

M981e Murray, Roseana
Emaranhado / Roseana Murray ; ilustrado por Silvana Menezes. – Jandira,
SP : Principis, 2023.
96 p. : il. ; 15,5cm x 22,6cm.
Inclui índice.

ISBN: 978-65-5097-075-8

1. Literatura brasileira. 2. Poesia. I. Menezes, Silvana. II. Título.

20231920

CDD 869.1
CDU821.134.3(81)-1

Elaborado por Odilio Hilario Moreira Junior - CRB-8/9949
Índice para catálogo sistemático:
1. Literatura brasileira : Poesia 869.1
2. Literatura brasileira : Poesia 821.134.3(81)-1

Esta é uma publicação Principis, selo exclusivo da Ciranda Cultural.
© 2023 Ciranda Cultural Editora e Distribuidora Ltda.
Texto: Roseana Murray
Projeto Gráfico e Ilustrações: Silvana Menezes
Editora: Michele de Souza Barbosa
Revisão: Fernanda R. Braga Simon
Diagramação: Ana Dobón
Produção: Ciranda Cultural

1ª Edição em 2023
www.cirandacultural.com.br

EMARANHADO

ROSEANA MURRAY

Principis

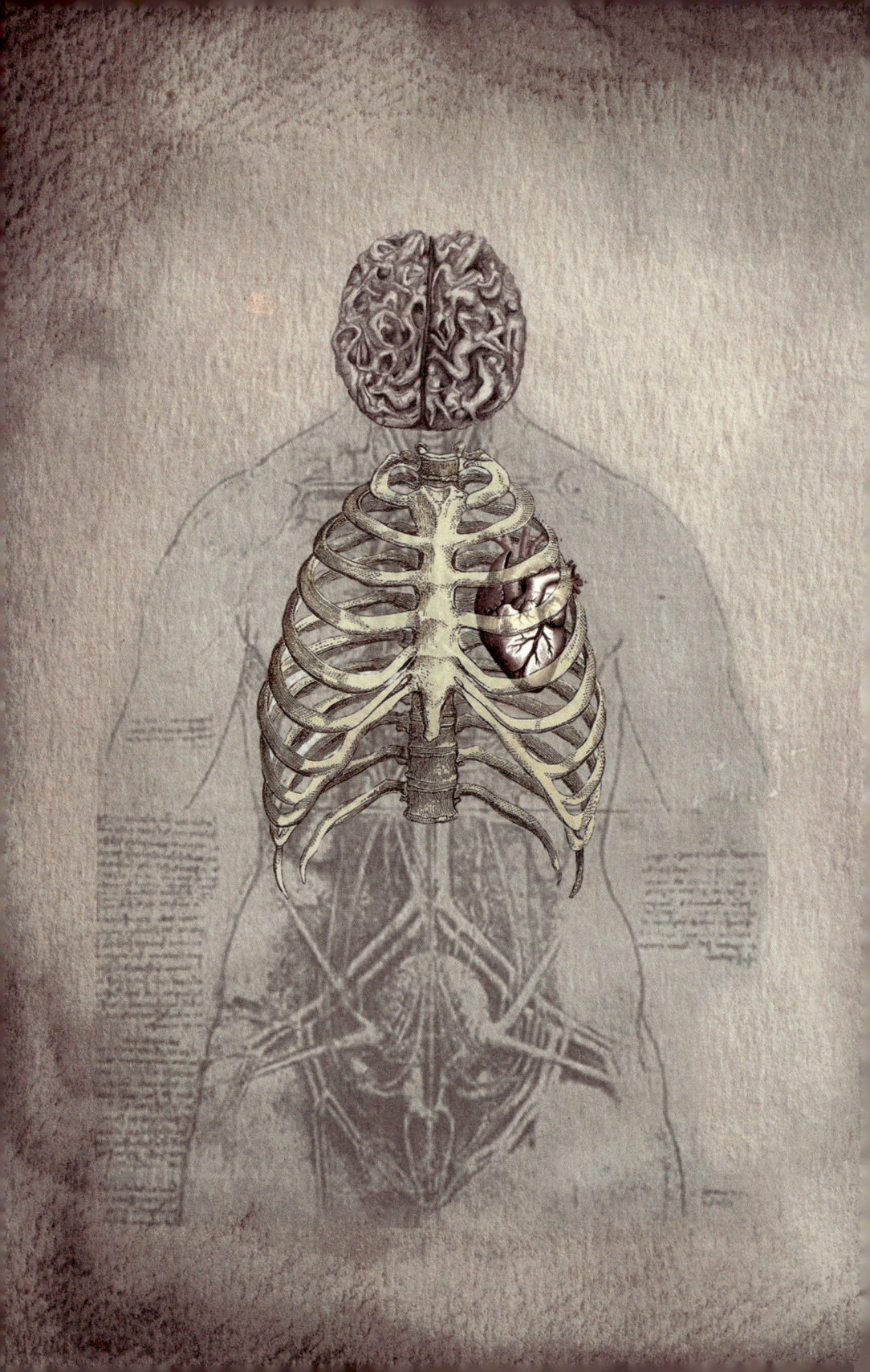

Para Penélope Martins, com tanto amor.

ÍNDICE

PÃO E LUA

E se por exemplo
desaparecesse a lua
da poesia,
a que anda comigo
no bolso
feito migalha de pão,
e posso, pouco a pouco,
derramar sua luz
e sua sombra
para fazer um lago,
posso,
de pedaço em pedaço,
fazer um riscado
que amarre todas
as encruzilhadas.
Se não houver
nem lua nem pão
e poesia,
o que faço?

MANUAL

Hoje leio um Manual
de afastar a tristeza:
Ame, dance, ria, faça
e aconteça, gire
como um dervixe,
mas como é que se desfaz
esse avesso,
esse desacerto?
Como engolir o que
machuca a garganta,
corta a gente por dentro?
Como refazer a linha
rasgada do horizonte?
Com poesia, com gritos,
com música?
Com lágrimas?

EMARANHADO

Como é que se diz
o que não tem nome?
A estranha teia de veias
e sentimentos,
quem tece?
Que aranha solitária
com fios de silêncio?
Quantas noites longínquas
vagueiam dentro do sono
com passos que ecoam
dentro dos ossos?
Ser gente
é um emaranhado?

14

SONO PROFUNDO

Aqui estamos,
um por um, deitados
na beira do abismo,
como se
em sono profundo,
enquanto a morte escolhe
quem vai colocar
em seu farnel,
se uma floresta, um povo,
ou tudo junto, feito o rio
quando arrasta uma cidade.
O silêncio é grave, ensurdecedor.
Um dia acordaremos,
talvez.

INSÓLITO BORDADO

É raro e belo
respirar junto,
pulsar junto,
flutuar nos vãos
das palavras,
da via láctea.
É raro e belo
misturar as linhas
das mãos no mais
insólito bordado
e caminho
para encontrar
o que brilha
e às vezes se esconde
debaixo das horas.

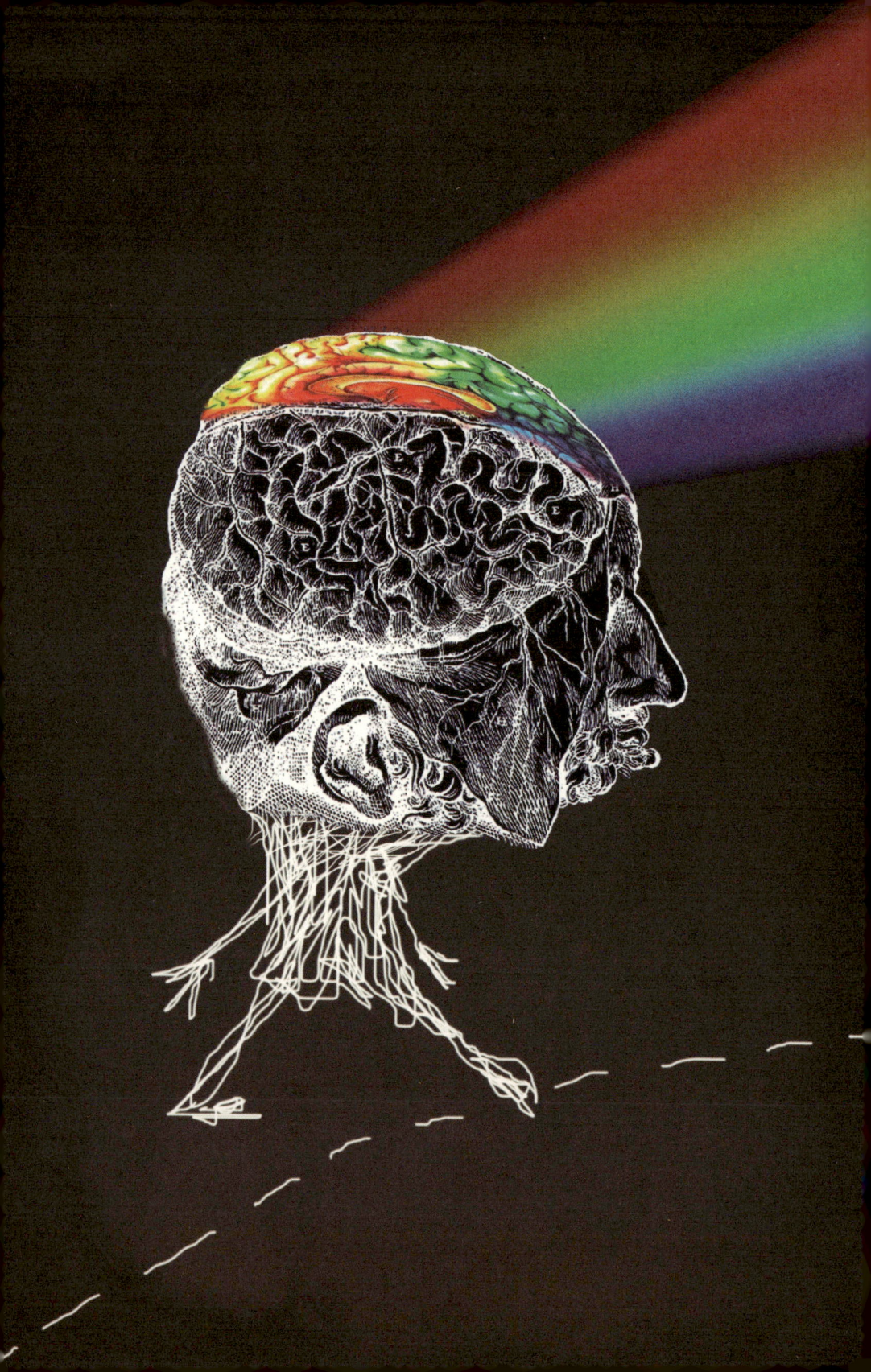

ARCO-ÍRIS

E quando um arco-íris
entra pelos olhos
e transborda para dentro?
Suas cores derretem
as pedras e os caminhos
sem saída, iluminam
as setas que estavam
apagadas e num átimo
nosso nome sabe
quem somos.

PARTITURAS

Quantas partituras

o pássaro

carrega em seu corpo,

em seu voo?

E as notas serão feitas

de nuvens?

E a clave é de céu?

De manhãzinha soletra

uma canção para o sol,

e à noite, antes de dormir,

canta para a lua.

Às vezes,

sem que saibamos como,

invade nossos sonhos,

e acordamos cheios

de música.

ASAS

Enquanto hesito
e o salto já se prepara,
mas ainda é apenas
bruma na orla do abismo,
apenas o sussurro
do vento no rosto,
enquanto hesito
e esse tempo é o frêmito
que excita,
que agita minhas asas
inexistentes
e todo o corpo
é a matéria onde
serão escritas
as lágrimas de açúcar
e sal,
a vida é chama.

SILÊNCIOS

Quantos silêncios
habitam
nossa vida?
Do mais fino cristal,
se estilhaçam
ao menor movimento.
Os silêncios são a água
do lago onde flutuam
nossos segredos,
sombras, anseios.
São os lenços de seda
onde guardamos
as sobras e o ouro.
A vida é chama.

LINHA

Amarrar a linha
do horizonte no pulso
para que o céu caiba
no corpo
com seus pássaros
e labirintos,
abismos e perguntas
sem resposta
e os pequenos desejos
que são ninhos
e pautas musicais.

Com a linha do horizonte
amarrada no pulso,
o inatingível marca as horas.

AGUADEIRO

Antes havia o ofício
de aguadeiro.
Em seu rastro,
no rastro destas águas,
carrego
cântaros de silêncios
como pássaros delicados
entre os braços:
quase se quebram,
quase escapam,
tudo o que não foi dito
desde as rotas
dos andarilhos,
dos que atravessaram
rios e mares e montanhas
e desertos quase intransponíveis,
em precário equilíbrio.

AQUI E ALI

É estranho
que gente estranha
leia, aqui e ali,
meus poemas entornados
em seus cafés, dentro
dos relógios e às vezes até
atrasam os ponteiros.
O que uso
em sua construção,
não é perecível,
por exemplo, a chuva
no telhado quando ainda
quase se dorme, a vigília
é guardiã.

Não é perecível o lamento
que ouvi de tão longe,
quem sabe de que dor
ou ausência e tive que fazer
com ele um verso.
Nem o vento
quando desarruma
a vida.
O material que uso
não tem preço ou etiqueta
ou data de validade.
O que utilizo está solto
ou amontoado pelas ruas
e calçadas ou
no campo, feito pólen.
No máximo se esgarça
junto
com a pele.

DENTRO DA LUZ

De dentro da chuva,
de dentro da luz,
de dentro do que cabe
numa vida que se desdobra
em tantas, que se estilhaça
em tempo e encruzilhadas,
um fio líquido, substância
que não tem nome,
que é sempre esboço,
talvez esperança,
escorre, sussurra, acalanta.

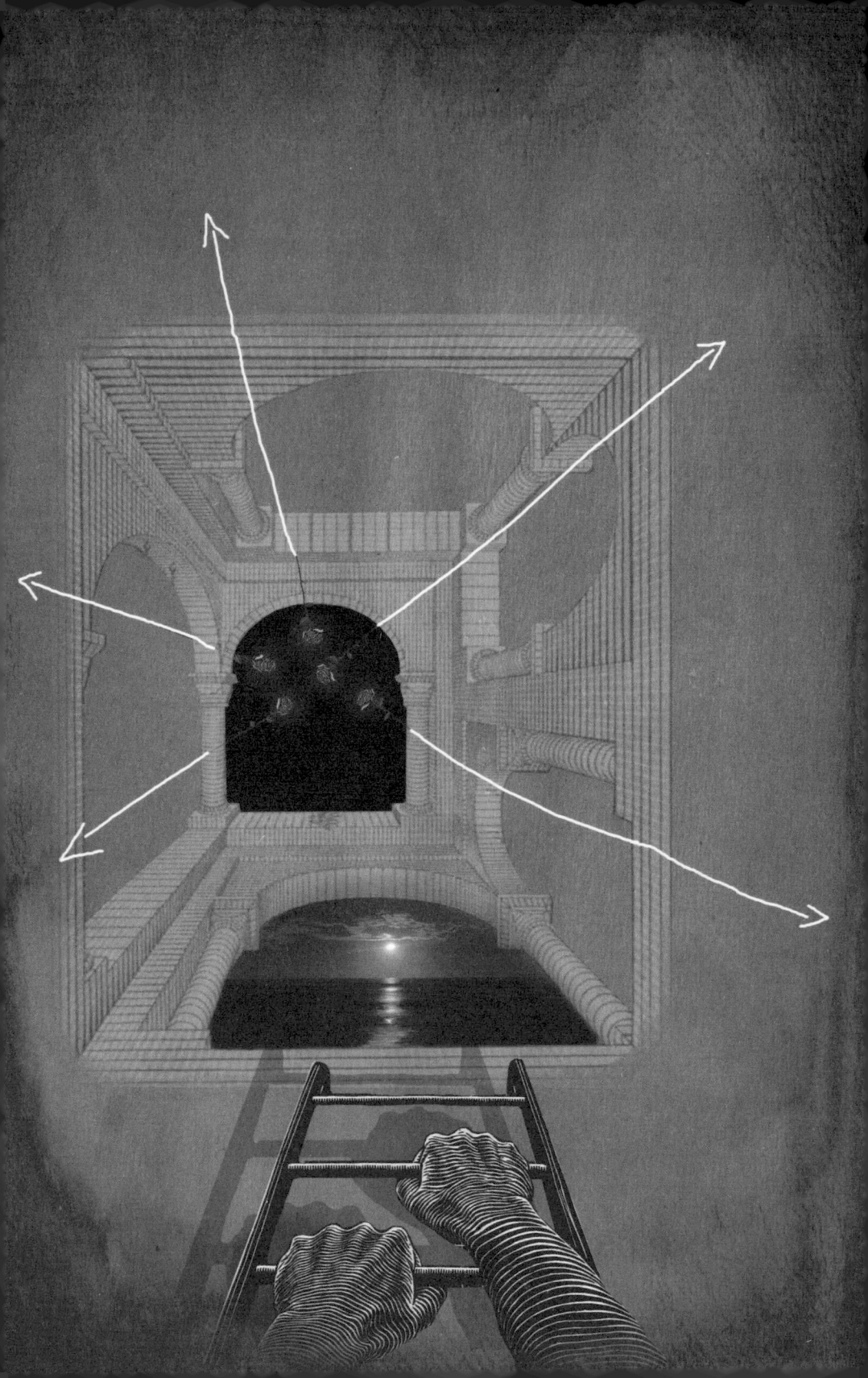

SAÍDA

Há sempre uma saída:
uma porta, um vão,
um atalho
forrado de musgo,
um redemoinho,
uma escada que nos leve
ao âmago do nosso nome.

AÇOITE

O tempo é a nebulosa
que cabe no oco
das mãos,
nas trilhas da memória,
se esgarça, se disfarça
em máscaras e silêncio.
No rosto e no corpo
o tempo é açoite,
como se a pele fosse
de barro e ruísse
junto com as intempéries.
É também pergaminho
onde se desenrolam,
linha por linha,
rua por rua,
os dias e as noites
que ficaram dobrados
debaixo das unhas,
desde o princípio,
desde o primeiro grito.

38

INQUIETUDE

A inquietude é um vento
que corre no sangue,
feito um rio denso
dentro
de outro rio,
feito o arco-íris
que se equilibra
entre o sol e a chuva.
A inquietude é esse
desequilíbrio
para que a Terra possa
girar e dançar feito
dervixe.
A inquietude tem o sabor
da fruta que ainda vai nascer
e ao tocar a língua
desencadeará o passado
e o futuro.

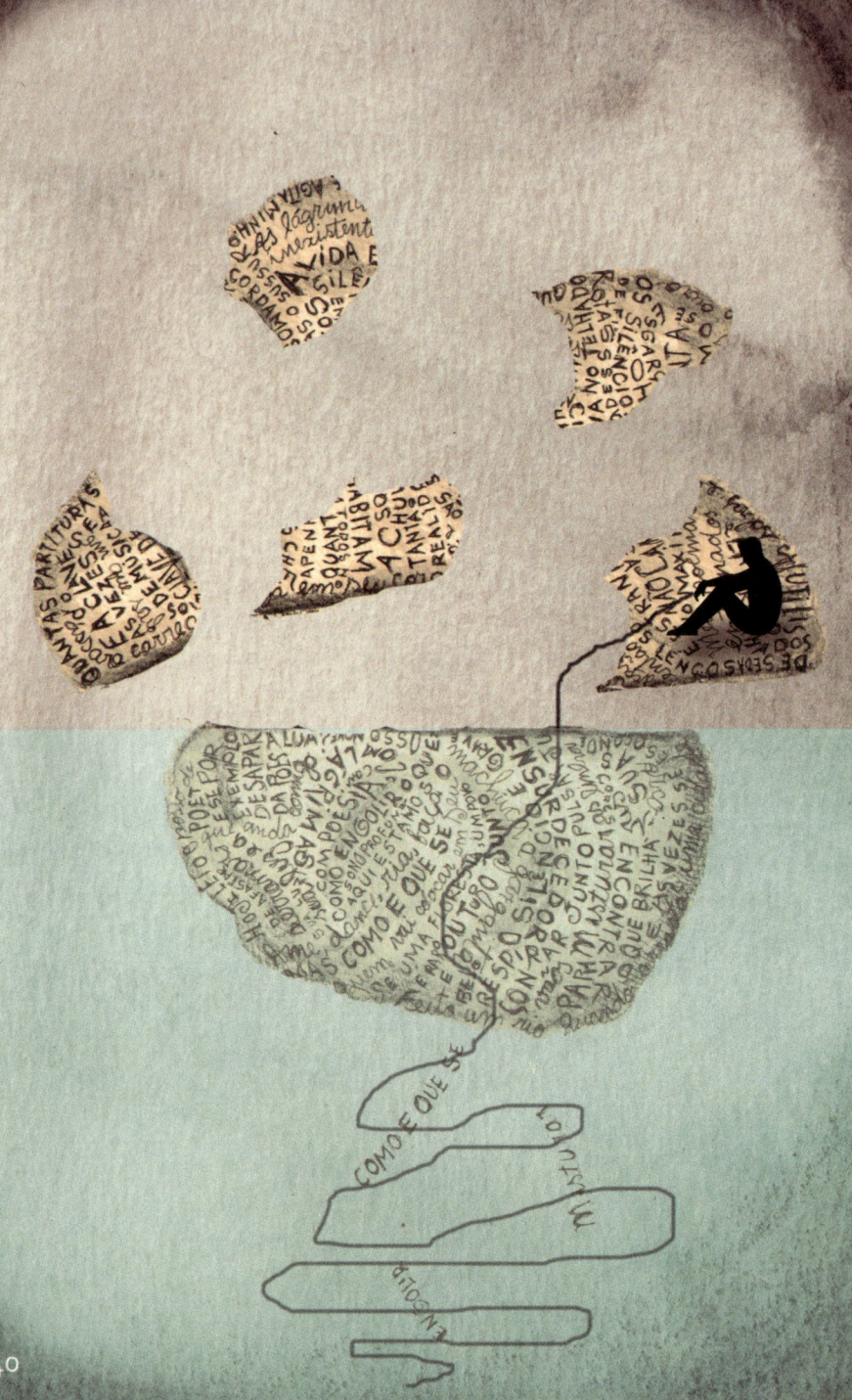

ILHAS PERDIDAS

Como recolher
com os olhos
a linha do horizonte'
para remendar sonhos
estilhaçados?
Existem ilhas perdidas
onde o mal não entra.
Há que encontrá-las,
é urgente,
para que se possa desfiar
alguns versos,
o novelo do tempo.

MATÉRIA

De lava e ouro,
de ar e água,
de medo e ossos,
de olhos para guardar
o mundo,
de memória e dor,
alegria e sol,
de pedra e mel,
afinal de que matéria
somos?
Mais que nuvens,
que se desfazem
com o vento,
somos palavras
e tempo?

JARDINEIROS

Somos da tribo
dos jardineiros,
dos que peneiram
sol e lágrimas,
dos que acreditam
que na pele se inscreve
o alfabeto mais antigo,
mel e lava.

AS VELAS

Minha avó acendia

as velas

para o Shabat

e suas mãos

que abençoavam

eram as mesmas

da sua mãe, da sua avó.

Acender as velas da alegria

com a tênue luz da lua,

com a chama que nasce

cada dia quando o olhar

acorda o quarto, a cama,

cada objeto em seu lugar,

para que o cotidiano

abra as suas dobras.

Acender as velas da alegria
como se acaricia a sombra
de um felino para que
a morte possa esperar
do outro lado do espelho.

RELOJOEIRO

Um relojoeiro
ajusta o tempo
nos relógios antigos
com suas pequenas
ferramentas.
E se pudesse consertar
o tempo gasto, lavado,
desbotado, rasgado,
desperdiçado?

OS MORTOS

Do que falarão os mortos
lá, onde se encontram?
Em alguma estrela perdida,
falarão da vida e de quem
ficou para trás?
Falarão de amor, comida,
dos sonhos que sonharam
enquanto os relógios,
indiferentes,
engoliam o tempo
que nos separa?

Falarão de distâncias,

fronteiras, perfumes,

enquanto

passam e repassam

as casas, paisagens,

um pão

recém-feito descansando

sobre a mesa e a tarde longínqua

perfumada de alecrim?

Dirão nossos nomes cada vez

que sentimos saudades?

SEMENTES

Há que soprar
nos escombros,
debaixo da morte,
das pedras, do lixo.

Talvez
algumas sementes
durmam, esperem
nossas mãos
e nosso olhar.

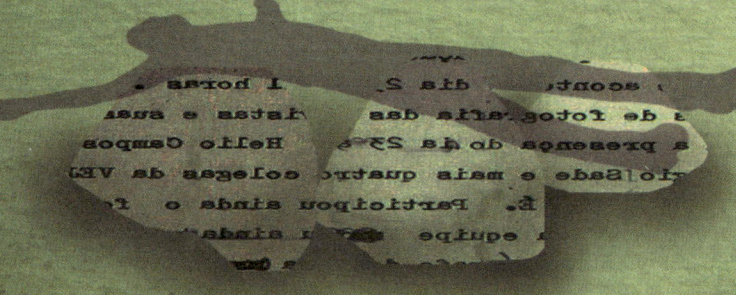

Somos os guardiães

dos restos:

plantaremos

novas palavras

no futuro,

novas bandeiras,

com nó cego

amarraremos

luz e paz.

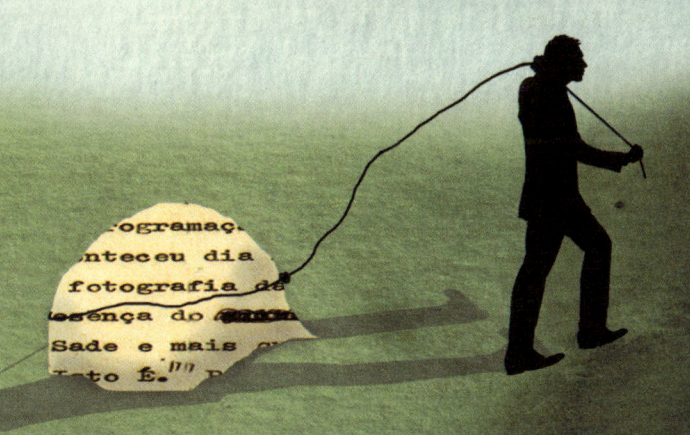

UMA CASA

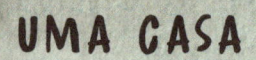

Essa casa
tem cheiro
de algas,
de maré cheia,
de lua entornada.

Essa casa
é uma senhora
que me deixa
dormir
em suas madeiras,
na memória
dos dias
acumulados.
Essa casa
tem gavetas
cheias de sol,
janelas e portas
abertas,
por onde entram
borboletas e amigos
cheios de sinos.
Essa casa me habita.

OUTRA CASA

Dentro da mata
uma casa me adivinha,
antecipa meus gestos
e pensamentos,
é viva e meus sonhos
são a sua seiva,
a minha memória
o seu pasto.
Essa casa é dobrável,
dorme entre um verso
e seu avesso.

A CHUVA

A chuva me diz memórias que flutuam
por sobre os telhados
encharcados, escorregadios.
Me diz melancolia
e folhas pisadas
e as horas que escorrem
feito água
ninguém sabe para onde,
para que desvãos.
A chuva toca seus sinos
na manhã que ainda
é fino esboço, quase aquarela.
E as mãos buscam sol.

EXISTÊNCIA

Mesmo que com as vestes
rasgadas
e nenhum sonho,
nenhuma água,
de chuva-lágrima-orvalho,
continuar vivendo.
Nas mãos apenas
o sol necessário,
o pão necessário
para o mínimo
funcionamento
do universo:
alguns versos
e a existência
talvez
caiba nas horas.

A BAILARINA

Pouco a pouco,
a sapatilha
rabisca o azul
da Terra
de todos os sonhos
e inventa os voos
mais impossíveis,
porque tudo dança
no Universo
e nem por um segundo
a música cessa,
até as estrelas
que já não existem
fazem um caminho
de luz.

FIRMAMENTO

Para acolher o firmamento
e seu silêncio,
perguntas sem resposta,
há que mergulhar
no vazio de dentro,
em seu claro-escuro,
seu chão sem fundo,
o nascimento de mundos.
Para construir com as teias
do indecifrável.

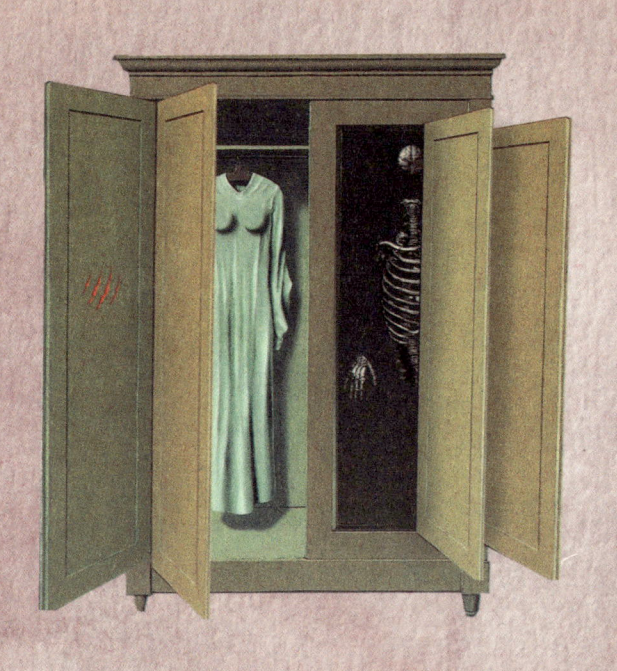

ENTRE OS OSSOS

Entre os ossos
possuímos armários
trancados, gavetas,
esconderijos secretos,
depósitos
onde guardamos
os outros
que somos.
Em noites de lua cheia,
às vezes, alguns uivos
escapam.
Ou se podem ouvir
ruídos estranhos,
como unhas
que arranhassem
a porta.

PÉGASO

Traço, para atravessar
a noite,
meu próprio mapa
sem saber nenhuma
linha sobre astrologia.
As três marias
me bastam,
o rastro
de uma estrela cadente
e a constelação
de Pégaso,
para que possa voar.
O mapa é claro
como prata e água:
só a poesia,
misteriosa matéria,
para que a vida caiba
nas mãos.

SOPRO

De um lado
e de outro lado
ou tudo misturado?
Às vezes é mel
e outras vezes
arame farpado?
Um dia música,
no outro silêncio?
Mas, de uma margem
até a outra,
o tempo de um sopro,
um susto,
entre o sino do riso
e a água das lágrimas.

ESPELHO

Há que retirar
do espelho o aço,
há que devolver
ao espelho
a sua natureza
de água que corre
líquida e atemporal,
para que apareça
a chama silenciosa
do que lateja
debaixo da frágil
arquitetura do rosto.

CATA-VENTO

Lá no fundo do abismo,
depois que atravessamos
uma cordilheira de dor,
um pássaro branco espreita.
Há que aninhar em nossas
mãos tão frágeis e mortais
o seu desejo de voo,
que sejam nossos
os seus anseios,
para que o cata-vento
das horas possa girar.

BANDEIRA

Faço um inventário:
chegamos até aqui,
a poesia é nosso passe,
nosso salvo-conduto,
para dizer os delírios
de cada dia,
como se mastiga o pão
sentindo o vento
que afaga os trigais
distantes
e a vida que corre
pelas mãos
de quem planta.

Chegamos até aqui

e o assombro

é a luz e a noite escura,

para soletrarmos

os poços

de água profunda,

a chuva,

a dança primordial

que nos habita.

A bandeira

é a do amor

e seu risco azul

na linha do horizonte.

DESTERRO

Hoje alguém deixou
ao meu alcance
a palavra desterro
e ela cabia em mim
feito um vestido
sob medida
e sua aridez arranha
a pele.
Não é a palavra
que desejo.
Prefiro amor e árvore.
Desterro é feito um trem
com vagões cobertos
de escombros rumo
a lugar nenhum.

Não quero a palavra
desterro.
Quero flor e abraço
e a textura de um gato.

79

O PESO DA LUZ

Será que o tempo
tem o peso da luz?
Será como o vento
quando derruba
as folhas na calçada,
no pátio, na varanda,
e varremos o tempo
e sua luz
para debaixo da pele?

Há que colher assombros
para continuar:
com as duas mãos
e com os olhos, nós,
os que viemos de longe.

TECIDO ÁSPERO

O poema se faz
com o tecido áspero
da própria vida:
se dor é dor,
se riso, se escuro
ou claro,
onde nada havia,
agora as palavras
se arrumam, são leques
que se abrem para
o salto, para dentro
do abismo.
Mas há que colocar
um pouco de música
no espaço entre,
um pouco de terra
e céu e com que fio,

linha, barbante, corda,
cacos de vidro ou seda
se amarrá o todo,
nunca se sabe.
Porque o poema
também se faz
com saliva,
com desejos
e desastres,
com insônia
e um leve roçar
do corpo
no que já existiu,
no que existirá.

RETÂNGULOS

Retângulos acalmam
as pessoas,
mas eu prefiro o vento.
Retângulos são caixas
onde a vida cabe arrumada,
catalogada,
papéis sobre papéis.
Mas o vento é o que desfaz
e despenteia,
o que desarruma os mapas
e as linhas,
as partituras do tempo.
O vento desenha manchas
e abismos,
apaga contornos.

O vento é a morada
dos loucos, dos viajantes,
dos que sabem
atravessar paredes.
Prefiro o vento.

DE UM NOME A OUTRO

Basta uma noite
para que se passe
de um mês a outro,
para que se deslize
de um nome a outro,

    basta um rio

    ou uma árvore

    para que,

    de um país a outro,

    basta uma hora

    e seu peso

    na balança do tempo

    para que

    um vendaval de acontecimentos,

tantos pares se fazem

e desfazem,

tantas mortes, nascimentos

e sementes

do que ainda será,

basta um sopro,

um jeito

de abrir e fechar

os olhos.

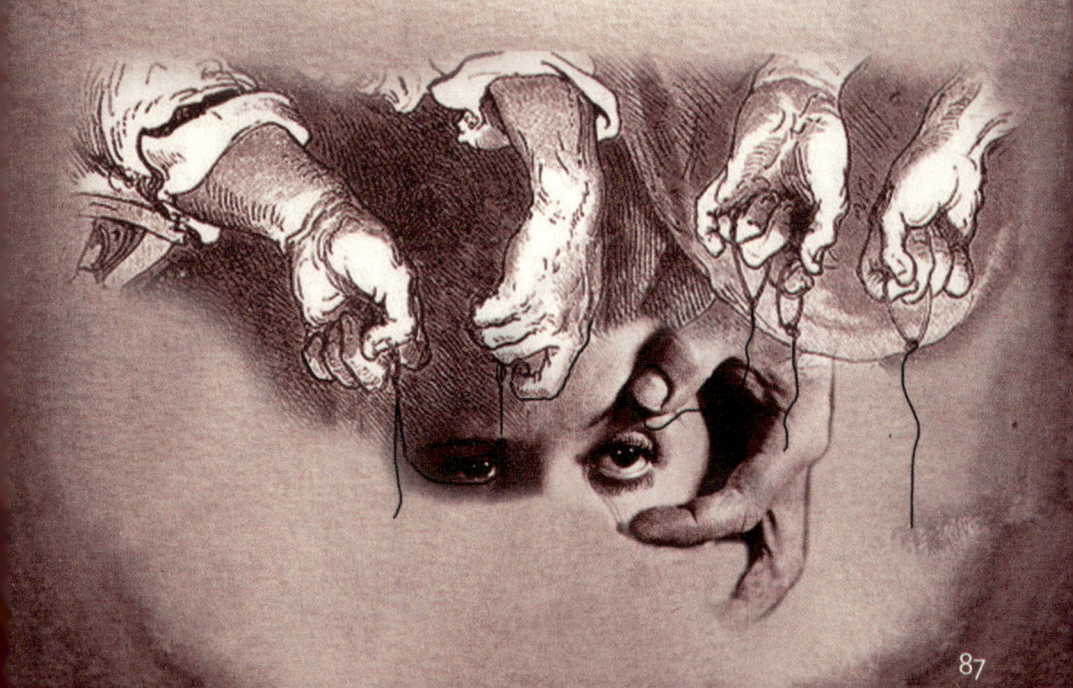

SUSSURRO

Para ouvir o sussurro
da rotação da Terra,
chamo
o silêncio das pedras,
chamo a escuridão
da noite longínqua
onde vagávamos
há dez mil anos,
com nossos medos,
a morte inscrita
na palma das mãos,
no fundo dos olhos,
como desenhos
numa caverna.

Carregamos nas costas
esse medo,
um saco de desejos,
ilusões/desilusões
e seu peso e tamanho
se medem
em dor e vida.

TEIA DE AMIGOS

Me sinto à vontade dentro da tua poesia. Piso em terras que não desconheço, que me acolhem e mexem com minha imaginação, terras oníricas. Respiro os amigos e as borboletas que entram pelas portas e janelas dos teus poemas, tua poesia, para provar que nem tudo está perdido, que podemos fabricar esperança, tecer luz.

Cristiano Mota Mendes

Músico e ator

Sua poesia é felicidade, como um óleo essencial, é extrato de alegria.

Mariana Esteves

Bailarina

Roseana Murray, a amiga das essencialidades. A que transfigura com raros adjetivos. Vai à medula partindo (d)o cotidiano mais bucólico e terno. Com Emaranhados, ela tece sapientemente uma genealogia do sensível.

Marcia Borges

Leitora amadora

La poesía de Roseana Murray, de sus primeros versos hasta hoy, en sus más de cien libros publicados, mantiene el frescor, esencialidad y profundidad que son la marca de quien ya nació poeta. La poesia de Roseana es el maná de los hambrientos de belleza.

Juan Arias

Jornalista do El País

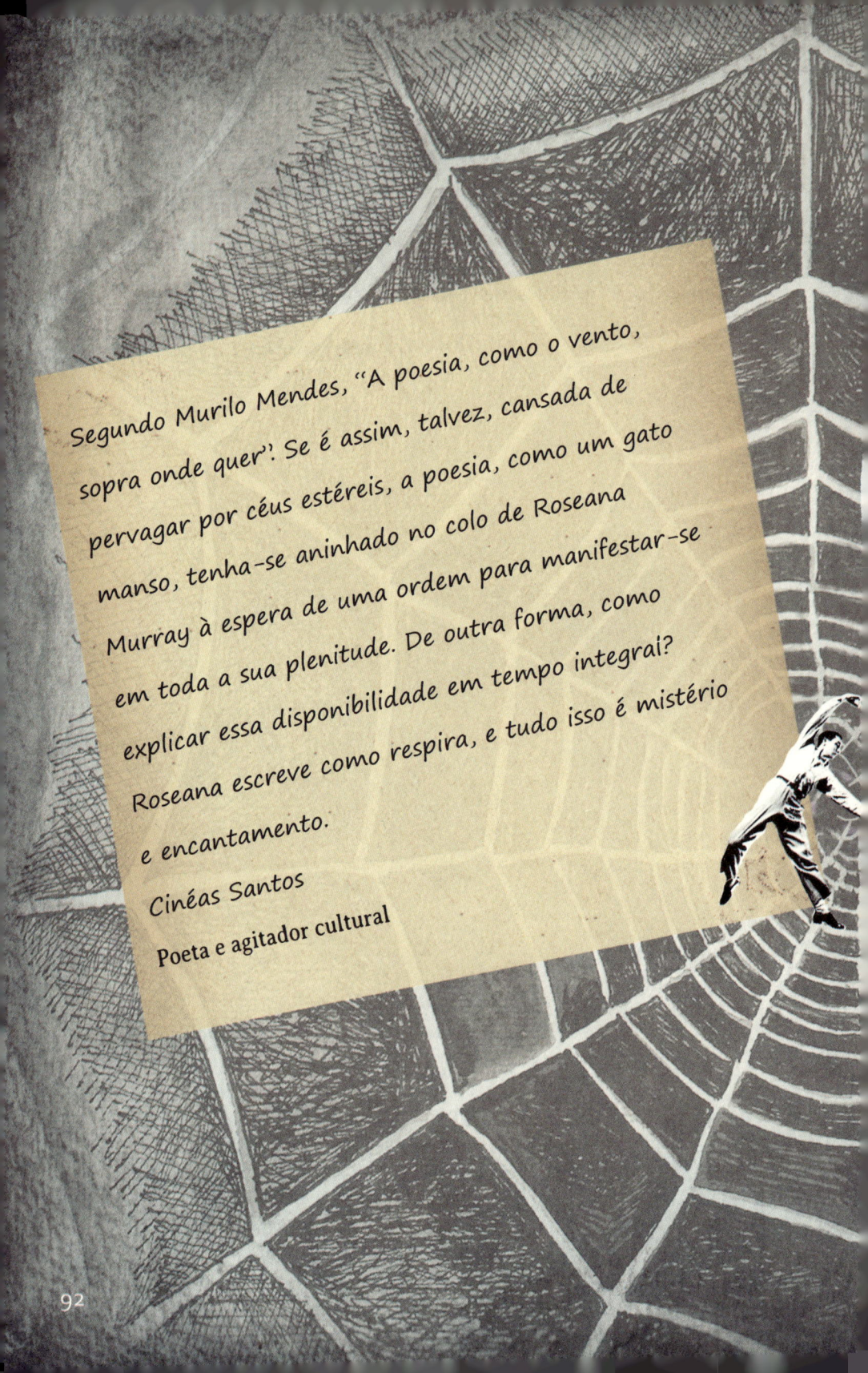

Segundo Murilo Mendes, "A poesia, como o vento, sopra onde quer". Se é assim, talvez, cansada de pervagar por céus estéreis, a poesia, como um gato manso, tenha-se aninhado no colo de Roseana Murray à espera de uma ordem para manifestar-se em toda a sua plenitude. De outra forma, como explicar essa disponibilidade em tempo integral? Roseana escreve como respira, e tudo isso é mistério e encantamento.

Cinéas Santos

Poeta e agitador cultural

Em um tempo de encruzilhadas, quando só resta sentar à beira do abismo e contemplar o intrincado emaranhado do presente, eis que surge a obra necessária de Roseana Murray e a esperança volta a nos acalentar. Roseana domina a misteriosa matéria da poesia e nos mostra aqui um "emaranhado" feito de raios de sol, fios de arco-íris e linhas das mãos confundidas na busca do outro. A poesia de Roseana é desatadora de nós, no seu duplo sentido, e, pouco a pouco, vai organizando horizontes, cerzindo sonhos e construindo o desejo de um futuro feito de luz e paz.

José Mauro Brant

Ator e escritor

ROSEANA MURRAY é autora de livros de poesia e de contos para crianças, jovens e adultos. Graduada em Língua e Literatura francesa pela Universidade de Nancy por intermédio da Aliança Francesa, recebeu ao longo de sua carreira diversos prêmios como APCA, selo altamente recomendável da FNLIJ, Prêmio ABL, entre outros. Faz parte da Lista de Honra do Organismo Internacional I.B.B.Y, que abriga os melhores autores de literatura infantojuvenil do mundo. Tem mais de cem livros publicados, e Emaranhado é o primeiro pela Principis.

SILVANA DE MENEZES é mineira de Belo Horizonte, onde se graduou em Belas Artes, na UFMG. A artista transita por vários segmentos da arte, destacando-se como escritora e ilustradora. Possui mais de 40 títulos publicados, é traduzida na China, na Coreia do Sul e no México. Em 2008, ganhou o Prêmio Jabuti de Melhor Livro Juvenil e, no ano seguinte, foi finalista do mesmo prêmio.

"Para tentar traduzir em imagens a belíssima poesia de Roseana Murray, recorri à minha memória iconográfica das artes plásticas e, por meio da colagem, fui construindo e juntando meus próprios rabiscos a um emaranhado de detalhes encontrados nas obras de Salvador Dalí, René Magritte, Henri Matisse, Gustave Doré, Arthur Bispo do Rosário, Hieronymus Bosch, Luis Buñuel, Michelangelo, Edgar Degas e Gustav Klimt. Segundo Magritte, desenhar é correr um risco. Escrever também é arriscar palavras. E o encontro desses riscos, rabiscos e letras é sempre um caminho para o maravilhoso."

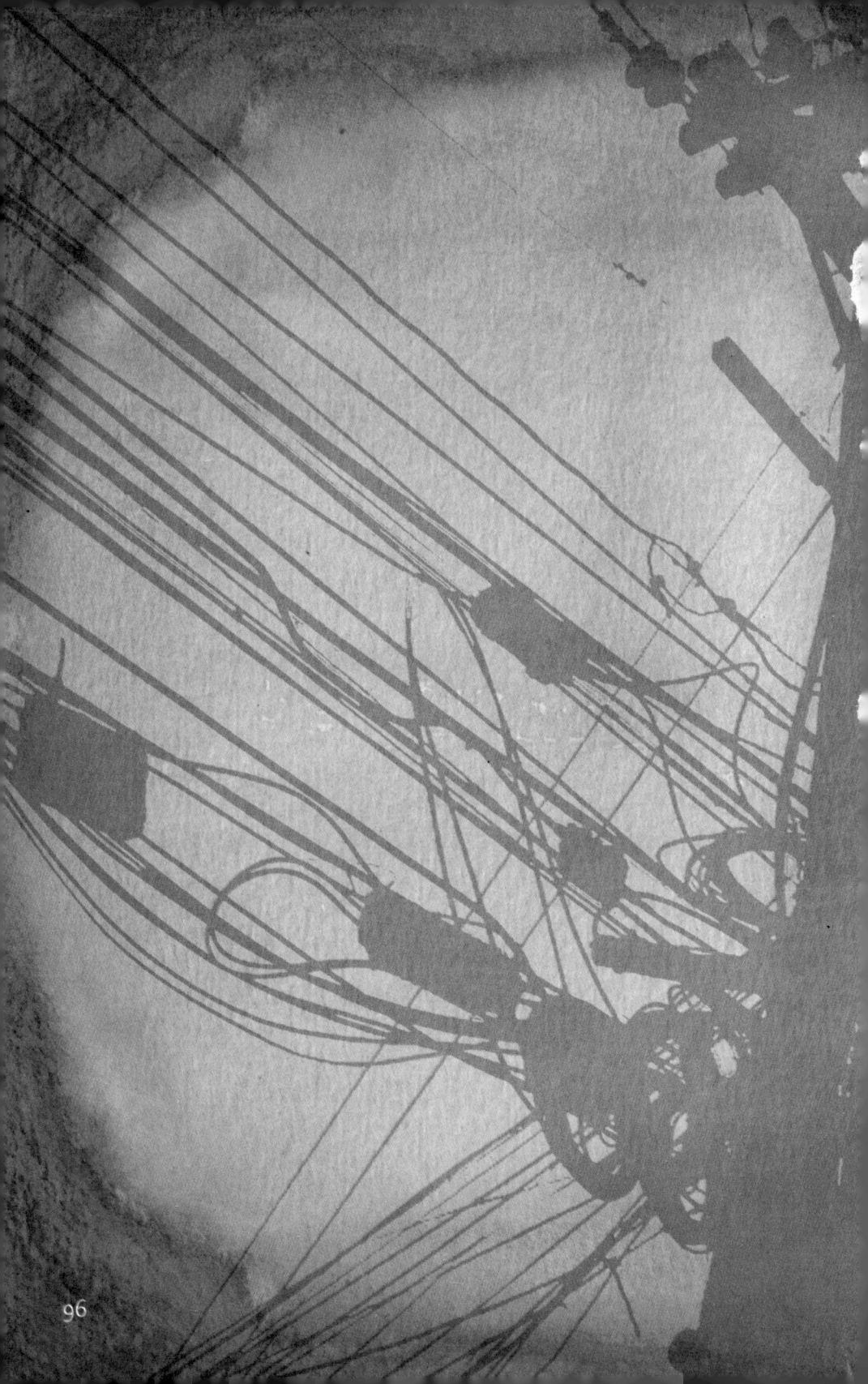